LÉGITIME DÉFENSE

PAR

MARCEL LUCET

PRÉSIDENT DU COMICE AGRICOLE DE L'ARRONDISSEMENT DE CONSTANTINE

« Veulent-ils donc régner sur des villes abandonnées,
« sur des champs désolés? »

VERGNIAUD.

CONSTANTINE

CHEZ L MARLE, IMPRIMEUR-LIBRAIRE

PARIS

CHEZ CHALLAMEL AINÉ, LIBRAIRE-ÉDITEUR

30, rue des Boulangers, 30

1863

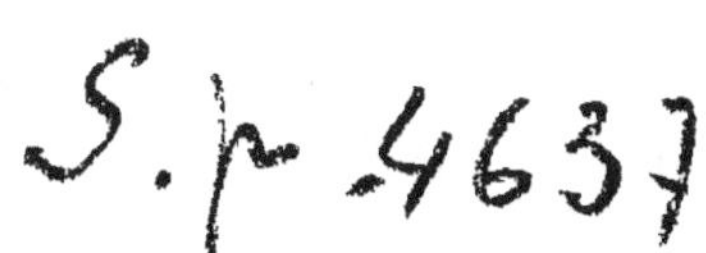

COLONISATION EUROPÉENNE DE L'ALGÉRIE

———

LÉGITIME DÉFENSE

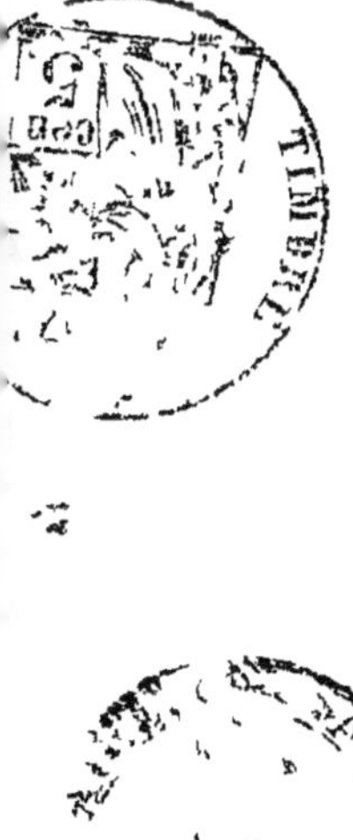

COLONISATION EUROPÉENNE DE L'ALGÉRIE

LÉGITIME DÉFENSE

PAR

MARCEL LUCET

PRÉSIDENT DU COMICE AGRICOLE DE L'ARRONDISSEMENT DE CONSTANTINE

« Veulent-ils donc régner sur des villes abandonnées,
« sur des champs désolés ? »

VERGNIAUD.

CONSTANTINE

CHEZ L. MARLE, IMPRIMEUR-LIBRAIRE

PARIS

CHEZ CHALLAMEL AINÉ, LIBRAIRE-ÉDITEUR
30, rue des Boulangers, 30

1863

AVANT-PROPOS

Une première fois, il y a quelques mois, nous avons pris la parole, au nom du Comice agricole de Constantine, pour combattre les déplorables tendances de la brochure *Indigènes et Immigrants ;* nous la prenons encore aujourd'hui, mais uniquement pour faire entendre une protestation indignée contre une nouvelle attaque anonyme qui s'adresse aussi à la population enropéenne de l'Algérie. Devant un pareil défi, le silence n'était pas possible, car cette réponse du mépris aurait pu être regardée comme une abdication de la conscience publique dans la Colonie.

Que nos adversaires de tout rang ne s'y trompent pas ; le calme qui, en Algérie, succède aux émotions de l'opinion, n'est ni l'engourdissement, ni le sommeil ; cette rude population européenne en butte, de la part de quelques-uns, aux plus cruels sarcasmes, est unie par une solidarité d'intérêts et d'aspirations qui n'a besoin que d'une occasion pour se manifester spontanément de la façon la plus éclatante. C'est justement ce qui s'est passé dans le mois de février dernier, et ce que feignent d'ignorer les dénonciateurs anonymes des représentants de l'autorité. Oui, nous suivons d'un œil vigilant les sourdes menées de nos adversaires et, quoi qu'il puisse advenir, nous défendrons contre eux, pied à pied, le terrain du progrès et de la civilisation. A défaut d'autre mérite, nous aurons du moins celui de combattre à visage découvert ; car, en pareille matière, la loyauté n'est pas de la jactance, elle est un devoir.

Nous comprenons qu'un auteur garde l'anonyme quand il juge de haut les faits ou les doctrines, quand il se voile par modestie ; mais l'anonyme mérite d'être condamné et flétri quand, à l'abri d'un masque qu'il peut doubler sur son visage en passant devant les faibles outragés, et soulever pour les puissants, il se fait insulteur des hommes, de leur intelligence, de leur caractère, de leur moralité.

Nous nous étions flatté que la population européenne de l'Algérie avait, naguère, obtenu un verdict souverain de réhabilitation devant les grandes assises de la Métropole. Ayant eu personnellement l'honneur de prendre une humble part à ces solennels débats comme délégué de Constantine, il nous avait été donné de constater les sympathies qui s'étaient partout réveillées en faveur de notre colonie. Ces sympathies, consacrées par la haute intervention du gouvernement de l'Empereur, avaient dissipé les nuages d'un jour, et porté dans tous les cœurs la confiance si nécessaire à l'ordre, à l'activité, au crédit. Il a suffi d'un misérable folliculaire pour troubler cette confiance et rouvrir l'arène des dissentiments. Encore une fois, nous aurions cru trahir la confiance dont nous avons été l'objet de la part de nos concitoyens, si nous n'avions pris la plume pour stigmatiser une pareille action.

Et que nul ne se méprenne sur nos intentions; qu'on ne cherche pas dans certaines de nos allusions un sentiment d'hostilité quelconque à l'égard de ce qu'on a l'habitude d'appeler en Algérie l'autorité militaire, à plus forte raison à l'égard de l'armée.

Au point de vue de son organisation administrative et politique, l'autorité militaire a droit à tous nos respects et ils ne lui ont jamais manqué. Pour ce qui est de l'armée, avons-nous besoin de dire, qu'en dehors même de l'admiration que nous commande pour elle notre patriotisme, nous lui sommes attaché par les liens les plus chers!

L'autorité militaire et ses bureaux arabes sont donc, ainsi que l'armée, en dehors du débat, et notre controverse, nous le disons une fois pour toutes, s'adresse aux hommes, heureusement peu nombreux, portant frac, épée ou burnous qui, pour le malheur de l'Algérie, se sont posés en ennemis implacables et systématiques de la colonisation européenne.

___

LÉGITIME DÉFENSE

> « Veulent-ils donc régner sur des villes abandonnées,
> « sur des champs désolés? »
>
> VERGNIAUD.

Une brochure de quatre-vingts pages, intitulée *L'Algérie et la Lettre de l'Empereur*, vient d'être éditée à Paris chez Firmin Didot frères, et tirée, dit-on, à un nombre considérable d'exemplaires.

Elle ne porte pas de nom d'auteur, mais une odeur particulière trahit en elle la même origine que le pamphlet si tristement fameux : *Indigènes et Immigrants*. On n'y combat pas des adversaires, on les dénonce; on n'y discute pas, on injurie ; on nie effrontément les faits les plus authentiques, on affirme avec impudence les plus mensongers ; la colère brutale à côté de l'astucieuse hypocrisie; sur une des joues du colon un soufflet, sur l'autre un baiser plein de bave ; pour tout dire d'un mot, ce n'est pas une œuvre à réfuter, c'est une mauvaise action à flétrir.

. Bravo à face masquée, quel but est le vôtre ? — Au nom de qui et de quoi parlez-vous ? — Où avez-vous puisé l'énorme subside nécessité par votre publication? — Qui voulez-vous atteindre? — Dans l'intérêt de qui signalez-vous à l'animadversion du Souverain, des hauts fonctionnaires que S. M. honore de son estime et de sa confiance?—S'il est vrai, comme vous le dites, que la population européenne de l'Algérie vienne de traverser trois mois de crise fiévreuse, pourquoi troubler par des récriminations offensantes le calme qui a succédé à l'agitation? — Pourquoi?..... Nous allons vous le dire :

Les succès de la colonisation vous étouffent, comme une culture productive étouffe la plante parasite, et vous niez ces succès, et vous insultez à la réussite !

Après avoir piétiné à plaisir sur ces malheureux indigènes insuffisamment protégés contre vos violences, vous prenez à leur égard le ton d'apôtre larmoyant et nous représentez comme leurs persécuteurs, leurs bourreaux !

Vous faites la règle de quelques exceptions regrettables que nous avons toujours répudiées, et ne songez pas que s'il n'était de mauvais goût de récriminer, il nous serait trop facile de citer mille exemples déplorables de brutalités envers les Arabes qui ne viennent pas des colons; témoin un des grands chefs visiteurs de Compiègne, vieillard à cheveux blancs, dont le visage a été balafré, il y a deux ou trois ans, sur le champ des courses d'Alger, par un autre qu'un postillon de diligence.

Après avoir essayé de tromper la religion du Chef

de l'Etat sur la véritable situation de l'Algérie, vous avez cru trouver dans sa lettre du 7 février dernier au Maréchal duc de Malakoff, le fondement d'une organisation nouvelle, contraire à l'expansion agricole de la colonie; vous avez espéré, surtout, que cette manifestation de la pensée impériale entraînerait un changement de système administratif et, par suite, un changement de personnes dans les hautes régions de l'autorité; vos calculs étaient faits : nous les soupçonnions alors, nous les connaissons maintenant.

La population européenne de l'Algérie s'est émue spontanément de ce qu'elle a cru être un danger pour elle, et, sans sortir de la plus stricte légalité, elle a formulé ses craintes et ses vœux dans des pétitions au Sénat conservateur. Elle a envoyé des délégués à Paris pour y défendre ses intérêts contre vos influences; ces délégués ont été admis à faire entendre leur voix dans le sein de la commission du Sénat; l'accueil bienveillant qu'ils y ont trouvé est un hommage rendu au caractère pacifique de la manifestation dont ils étaient les organes. Les pétitions ont provoqué, en faveur des colons algériens, la plus splendide réhabilitation qui pût sortir de la plume d'un homme de science et de cœur : le rapport de M. le baron Charles Dupin nous a vengés de vos attaques passées, comme il nous défend contre vos nouvelles calomnies; et le Sénat qui, après avoir applaudi à ce rapport mémorable, a été unanime pour adopter ses conclusions en renvoyant à la fois nos pétitions au Ministre d'Etat et au Ministre de la guerre, a consacré solennellement la légitimité de nos actes.

Que venez-vous donc parler d'accès de fièvre

CHAUDE, — de DELIRIUM TREMENS, — d'ANARCHIE, —
de TEMPÊTES DE CLUBS DÉMAGOGIQUES, — de TOCSIN
SONNÉ PAR DES MAINS MUNICIPALES, — de L'AUTORITÉ
DU CHEF DE L'ÉTAT VILIPENDÉE A HAUTE VOIX DANS
DES LIEUX PUBLICS ET, A MOTS TRANSPARENTS, DANS
DES PUBLICATIONS SÉDITIEUSES, — de SON NOM ARRA-
CHÉ DES MURS DE CONSTANTINE, — de PUPILLE EN RÉ-
VOLTE, — et de JOURNÉE DES BARRICADES?

Il faut être ivre de kif, ou fou de dépit, pour écrire
de semblables injures. Oui, votre conspiration dès longtemps ourdie, conduite avec une science stratégique digne du généralissime Loyola, a platement échoué devant
la conscience publique qui vous a conspué, devant la
haute intelligence de l'Empereur qui vous a compris
à temps, devant l'autorité du Sénat qui vous a condamné au silence.

« Les sentiments et les principes que le Sénat a
convertis en loi, » dites-vous à la première page,
« sont et seront encore longtemps battus en brèche
par la majorité de la population Européenne. Tout en
acceptant le fait accompli, on proteste, on se flatte
même que l'acte solennel émané de la généreuse ini-
tiative de l'Empereur sera bien vite enfoui dans les
vastes catacombes où dorment, mort-nés, tant d'or-
donnances, de lois et de décrets relatifs à l'Algérie. »

Ce n'est pas la population européenne, vous le
savez bien, qui cherchera à paralyser l'exécution
prompte, immédiate, complète du Sénatus-Consulte.
Ce qu'elle redoute, au contraire, comme un nouveau
péril, c'est que les entraves viennent d'autre part;
c'est que le parti dont vous êtes le porte-plume ne
cherche à dénaturer la pensée impériale, et à fausser

le but colonisateur du Sénatus-Consulte, en faisant une halte indéfinie dans la propriété collective des tribus; et vous ne justifiez que trop ces craintes dans votre libelle, car, en même temps que vous adressez une hypocrite adulation aux généreuses intentions du Chef de l'Etat, vous les méconnaissez d'une manière flagrante, en prônant la collectivité comme chose nécessaire; en protestant contre la désagrégation des tribus et l'individualisme comme choses dangereuses; en repoussant dans le plus lointain avenir la constitution de la propriété individuelle comme contraire au progrès agricole.

Que dire d'arguments comme celui-ci? « La situation de l'Arabe cultivant à son profit un terrain qui appartient à la communauté est semblable, (avec un degré *d'avantage* et de *supériorité* toutefois), à celle de *l'immense majorité des cultivateurs français qui travaillent un sol* dont ils ne sont point les propriétaires. » —Conclusion: « Téméraires novateurs de la Métropole, législateurs mal avisés, ne portez pas la main sur une situation qui place les Arabes au-dessus de l'immense majorité de vos cultivateurs régnicoles. »

C'est flatteur pour nos cultivateurs français!

Encore une fois, sachez-le bien, la population Européenne de l'Algérie a religieusement écouté la discussion au sein du Sénat; elle a recueilli avec confiance les solennelles promesses faites, au nom de l'Empereur, par l'orateur du gouvernement; l'Empereur lui-même, comme pour mettre le sceau de sa volonté Souveraine à la charte de l'avenir algérien, a demandé et obtenu, sur l'heure, une subvention de 80 millions pour la création de nos chemins de fer.

Partisans de l'immobilité, il faut bien que vous en preniez votre parti ; voici venir en conquérante la locomotive aux ailes de feu ; elle vient visiter les pauvres deshérités de la civilisation ; son sifflet pénétrant est un sarcasme jeté au passé, en même temps qu'un appel à l'avenir. Place au véhicule du progrès ! imprudents, vite, hors la voie, si vous ne voulez être écrasés !

Ah ! la locomotive vous fait peur, et vous tentez un suprême effort pour l'empêcher d'arriver.

Oui, c'est bien là le but coupable de votre œuvre, et pour l'atteindre, vous avez pris à tâche d'effacer, en France et à l'étranger, l'impression produite, en faveur de l'Algérie, par la discussion devant les grands corps de l'Etat et dans la presse.

Sans nul souci de la logique, vous étalez à la suite les unes des autres, les contradictions les plus honteuses :

Pour démontrer l'infertilité du sol, vous stigmatisez la culture de l'Arabe, et, en faveur de ce même Arabe vous revendiquez, à l'exclusion de l'Européon, toute la terre et le monopole de la culture.

Pour établir l'insalubrité du pays, vous dressez un tableau de la mortalité de la population Européenne comprenant les années 1845 à 1853, c'est-à-dire la période cholérique et celle des fièvres paludéennes qui sévissaient alors dans certains centres de population en voie de création ; vous portez au compte des villes auxquelles se rapporte votre tableau, les nombreux décès fournis par les hôpitaux, sans faire ressortir que ces décès appartiennent, en grande partie, aux populations rurales et aux garnisons ; des cités algériennes, vous faites ainsi des nécropoles. Vous nous

conseillez d'ouvrir les volumes du *Tableau officiel de la situation des établissements français dans l'Algérie;* que n'avez-vous ouvert celui des années 1859-1861? Vous y auriez vu (p. 113, 119 et 123) que, dans cette période triennale, sur une population de 205,887 Européens, les décès ont été de 28 par 1,000 habitants, à peu près comme dans la Métropole, et que les naissances y sont aux décès dans le rapport de 118 à 100. Mais la loyauté des chiffres ne fait pas votre affaire, il est plus simple de recourir à l'arithmétique de Basile.

Ainsi, c'est chose flagrante, votre libelle, répandu a profusion, a pour but principal d'entraver l'entreprise des chemins de fer algériens en représentant l'Algérie comme un pays incolonisable, condamné qu'il est à l'infécondité, à la misère, à la mort.

Au moment où se fait l'émission des titres de cette vaste entreprise, vous cherchez à en opérer la dépréciation au détriment des actionnaires et de la nouvelle Compagnie qui en a pris la majeure partie à sa charge. Par le tableau funeste que vous tracez, à plaisir, de l'Algérie, sous le rapport de la salubrité, vous tendez à jeter la crainte dans l'esprit des nombreux ouvriers nécessaires à la réalisation de ces grands travaux; vous espérez ainsi rendre plus difficile et, dans tous les cas, plus dispendieux, le recrutement de cette armée de travailleurs avant-garde d'une puissante immigration.

Vous êtes-vous bien rendu compte de la responsabilité légale que pourrait entraîner après elle une pareille manœuvre?...

Vous accusez la population européenne de « prêcher le meurtre de tout un peuple, le peuple arabe » (p. 9);

Vous lui faites un grief « d'insulter aux vaincus, de ravaler, d'outrager les chefs et fonctionnaires indigènes, ces hommes dont la plupart ont combattu dans nos rangs et portent de glorieuses blessures » (p. 6);

Vous chantez un éloge dithyrambique en l'honneur de « ce peuple arabe froissé dans ses sentiments patriotiques et ses croyances religieuses ; de ce peuple qui a des titres nombreux à la reconnaissance de l'humanité ; qui a toujours donné, dans ses conquêtes, l'exemple de la justice, de la tolérance, de l'humanité; qui était civilisé avant l'Europe chrétienne ; qui a possédé un empire plus vaste que celui d'Alexandre ; qui, de tous les conquérants de l'Afrique, est le seul qui ait fait accepter aux races autochthones ses idées, ses mœurs, sa religion et sa langue ; qui a su étendre, depuis treize siècles, la domination de l'islamisme sur la moitié du monde » (p. 6 et 7);

Vous faites de la *touiza* une corvée imposée à l'arabe au profit du colon, quand tout le monde sait qu'elle est une corvée instituée uniquement au profit des chefs indigènes (p. 6);

Vous écrivez (p. 9) : « Parlez à un européen des bonnes qualités de l'arabe, de ses droits, *du principe d'égalité* qui devrait protéger nos sujets aussi bien que le citoyen français, vous verrez votre interlocuteur sourire devant votre naïf optimisme, hausser les épaules et déclarer, comme la Société impériale d'agriculture, que les indigènes sont des barbares indignes de la clémence de leurs maîtres, des êtres dégénérés et inférieurs qui n'obéissent qu'au coup de pied. » Et plus loin (même page) : « Qu'on ne croie pas que ces sentiments soient, le partage exclusif des

colons illétrés, de la partie la plus grossière de la population européenne ; on les retrouve chez les colons
les plus policés, les plus honorables. Ils sont également
professés par certains fonctionnaires et employés, à
l'exception — il faut bien le confesser — des autorités
militaires. »

Et voici ce que nous lisons page 38 !

« On parle de *féodalité,* et ce souvenir effarouche
les naïfs. Mais où est la féodalité, où la transmissibilité
du pouvoir n'existe pas ? *Le moindre sous-lieutenant
adjoint d'un bureau arabe* est cent fois plus puissant
que *le chef indigène le plus illustre ;* c'est à lui que ce
chef obéit, qu'il rend hommage, qu'il doit le respect.
Etranges seigneurs féodaux que ceux qui ne peuvent
ni rançonner, ni tyranniser leurs prétendus vassaux
sans tomber sous le coup d'une justice supérieure, et
qu'un CAPRICE de l'autorité politique peut, dans les
vingt-quatre heures, jeter sur le pavé ou en exil. »
Ah ! si l'un de nous eût osé écrire de pareilles lignes,
quelles rigueurs n'eût-il pas attiré sur sa tête ? Me Jules
Favre plaidant pour Bel-Hadj devant la cour d'assises d'Oran n'alla pas si loin ; il mit, du moins, plus de
formes dans ses attaques, et on l'a traité de tribun dé-
molisseur de l'ordre en Algérie. Eh quoi ! ces chefs
illustres, chevaliers, officiers, commandeurs dans l'ordre impérial de la Légion d'honneur, — ces hommes qui
ont rendu à la France, à l'humanité, d'aussi éclatants
services, — ces hommes dont la plupart ont combattu
dans nos rangs et portent de glorieuses blessures, —
ces hommes qui ont vieilli dans les hauts commande-
ments qu'ils tiennent de notre confiance ; — ces hommes
dont quelques-uns faisaient naguère l'ornement de la

Cour et qui ont eu l'insigne honneur de porter leurs hommages aux pieds augustes de l'Impératrice, — ces hommes, *élite de la noblesse musulmane*, doivent aussi et avant tout, c'est vous qui le dites, obéissance, hommage et respect au moindre sous-lieutenant adjoint d'un bureau arabe, jeune homme à peine adulte, lequel, néanmoins, est cent fois plus puissant qu'eux ! et un simple caprice de l'autorité politique peut, dans les vingt-quatre heures, les jeter sur le pavé ou en exil!...

Nous nous permettons de le demander, au lieu d'humilier ainsi ces grandeurs déchues, ne serait-il pas plus digne et surtout plus politique de les dépouiller de leurs oripeaux de parade, de les supprimer au plus vite, comme l'indique l'exposé des motifs du Sénatus-Consulte, comme le voudraient tous les hommes de sens?

Comment osez-vous affirmer (p. 36) « que la perception des impôts est exclusivement confiée aux Receveurs des Contributions nommés par le Ministre des finances? » Vous n'ignorez pas, pourtant, que dans tout le territoire militaire, et même dans toute la partie annexée, en 1860, au territoire civil, la perception se fait exclusivement par les chefs Arabes qui opèrent le versement dans la caisse du Receveur.

Pour vous convaincre de mauvaise foi, il nous suffira de citer le passage suivant du discours de M. le Préfet de Constantine, dans la dernière session du Conseil général :

« Le moment est venu aujourd'hui pour nous de donner à l'agrandissement du territoire civil son complément logique et nécessaire.

« Le premier point à résoudre, parce que, de cette situation va dépendre, en grande partie, la question des voies et moyens, c'est la perception directe des impôts par des agents financiers. *Aujourd'hui, cette perception se fait*, vous le savez, Messieurs, *par les soins des chefs indigènes* dont la rémunération consiste, pour cette opération et leurs autres fonctions, dans le prélèvement du dixième sur le produit brut de l'impôt, dans la jouissance de priviléges attachés à l'exercice du premier, tels que la *touïza*, sorte de corvée de travail à leur profit à l'époque des labours et des moissons, la jouissance d'une certaine étendue de terres prélevées sur l'*arch*, dans une part des amendes, etc., etc. »

Cette mesure si juste, si opportune de M. le Préfet n'a pas encore été réalisée et nous vous pardonnerions volontiers la moitié de vos invectives, si vous pouviez obtenir cette réforme.

Relèverons-nous les sophismes, les contradictions, les hérésies économiques qui remplissent toute la partie de votre brochure relative à la question agricole?

Après avoir soutenu, pour faire donner le sol aux Arabes à l'exclusion des Européens, que « le vrai « paysan de l'Algérie, l'ouvrier agricole, la base la plus solide de la propriété, c'est l'indigène. » *(Indigènes et Immigrants,* p. 35), voici ce que vous écrivez dans votre nouveau libelle (p. 58) :

« Des cultures séculaires dans la mince couche de terre que retourne la charrue arabe ont épuisé le sol. Ce fâcheux résultat se fait surtout remarquer depuis quelques années. Quand les Arabes cultivaient pour leur consommation, quand la guerre menaçait à chaque instant le pays, ils ne mettaient en valeur que des surfaces restreintes. Les terres se reposaient une année sur deux, quelquefois deux années sur trois. Mais aujourd'hui que la paix est consolidée, et que les indigènes ont le placement assuré, à des prix largement rémunérateurs, de tous les grains qu'ils peuvent livrer au commerce, l'appât du gain les a poussés à mettre en culture les terres précédemment négligées et à obtenir la plus grande quantité de produits possible. Aujourd'hui, les champs ne se reposent jamais; les riches seuls ont conservé la méthode des assolements. Or, comme la terre ne répare pas, par les engrais, ce qu'elle perd par l'excès de production, elle s'épuise. Toutes les terres *arch* en sont là. Le mal est encore plus grave pour les terres appartenant à l'Etat; les fermiers, payant des prix de location trop élevés, sont obligés de demander au sol plus qu'il ne peut rendre. Aussi les azels sont-ils impitoyablement surmenés, et doivent, par conséquent, être mis au premier rang des terres les plus épuisées.

« Il y a des années où l'on tire du sol 2 pour 1, 1 pour 1 même. Il y a des années où les terres des Harectas et celles des Nememchas ne produisent rien; alors on fait manger par les moutons les moissons avortées, et l'on voit Harectas et Nememchas s'abattre, avec des troupeaux de chameaux, dans les tribus moins maltraitées, dans les azels, sur les marchés où le blé arrive. »

Il est vrai que vous ajoutez quelques lignes plus loin :

« On objectera que le sol n'est épuisé qu'à la surface, c'est-à-dire sur une profondeur de 15 centimètres, imite de la charrue arabe, et que, en poussant les labours à 25 centimètres, on ramènera à la superficie les éléments vierges du fond. Cela peut être vrai ; mais d'où vient que, nonobstant, la culture européenne n'obtient, en moyenne, que de 4 à 6 pour 1 ? D'ailleurs, si l'on ne peut faire revivre la fécondité du sol qu'en le labourant profondément et en l'enrichissant par des engrais, autant vaut confesser qu'il doit être défriché à nouveau, et qu'il faut y enfouir des capitaux immenses, deux conditions ruineuses. »

Et de l'infertilité du sol ainsi démontrée, vous concluez à l'impossibilité d'une colonisation fructueuse.

Le tableau que vous faites de la culture arabe est parfaitement véridique ; nous l'avions esquissé avant vous et contre votre propre opinion dans le sein du Comice agricole de Constantine quand nous combattions les funestes tendances de la brochure *Indigènes et Immigrants ;* à ce propos, nous vous dirons, puisque l'occasion s'en présente, que nous avons porté le défi public et solennel de citer, dans l'arrondissement de Constantine, un indigène qui se soit départi, même pour un hectare de ses champs, de la déplorable culture dont nous faisions la critique ; le journal *la Presse* a, dans le mois de mars dernier, rappelé notre défi et constaté qu'il était resté sans réponse. Vous dites aujourd'hui (p. 39) que tous les chefs indigènes labourent leurs terres à la charrue Dombasle ; de grâce, faites-nous connaître le nom d'un de ces agronomes, et nous prenons l'engagement de demander pour lui au Comice une médaille d'honneur.

Mais à côté du mal signalé, nous indiquions le

remède ; ce remède est l'expansion de la culture européenne dans la plus large échelle possible.

Quelle est votre conclusion, à vous?—L'abandon de la colonisation européenne comme impuissante, et la perpétuité de la culture arabe qui s'étend comme une lèpre sur le sol algérien.

Non, il n'est pas vrai que la charrue française ne fasse rapporter à la terre qu'elle fouille que de 4 à 6 pour 1 ; le produit varie de 10 à 20 et même 30 pour 1, suivant la qualité du terrain et l'intensité de la culture ; mais là n'est pas la question, la clé de la situation est dans ce fait par vous confessé et qui renferme à lui seul le programme de l'avenir :

LE SOL DE L'ALGÉRIE IRREMÉDIABLEMENT ÉPUISÉ **POUR LES INDIGÈNES**, PAR SUITE DE LEUR CULTURE EXTENSIVE ET SUPERFICIELLE, OFFRE A LA CULTURE INTENSIVE ET PERFECTIONNÉE **DES EUROPÉENS** UNE IMMENSE ET FÉCONDE JACHÈRE DE DEUX MILLE ANS.

Vous l'avez si bien compris que, dans une autre partie de votre écrit, vous vous attachez à couvrir d'un crêpe funèbre la colonisation européenne ; vous faites tinter votre glas de mort dans tous les villages de France ; et, comme si ce n'était pas assez pour éloigner l'immigration, vous faites, des colons échappés à l'hécatombe, des êtres voués à une cruelle agonie. Et vous pleurez sur eux ! et vous les appelez héroïques ! et vous dites que celui-là n'a pas de cœur qui, ayant assisté à ce spectacle de la volonté humaine triomphante, ne s'est pas senti ému jusqu'au fond des entrailles !...

Merci de votre pitié ! Fût-elle sincère, venant de vous elle serait encore un outrage.

Heureusement, nous l'avons déjà dit, les statistiques officielles vous démentent.

Pour en finir, car cette apostrophe nous fatigue, à quoi concluez-vous ? Il est vraiment difficile de démêler une conclusion dans votre livre.

Vous voulez un royaume arabe civilisé par l'intervention pacifique, humanitaire de la France, et vous repoussez comme impuissante et corruptrice l'œuvre des colons français ; vous repoussez également comme matérialiste la science moderne ; vous répudiez comme oppressive l'influence civilisatrice du christianisme à qui vous reprochez, on ne sait trop pourquoi ni à quel titre, l'inquisition, la Saint-Barthélemy, les dragonnades et les jubilés commémoratifs de massacres.

La panacée, pour vous, est la prédication des préceptes de l'islamisme *sous la garantie du gouvernement;*

Spiritualiste mystique quand il s'agit de repousser la sience, vous préconisez le croisement des races comme le meilleur moyen d'assurer à la France la conquête morale de la société musulmane en Afrique;

Vous demandez l'émancipation de la femme arabe, et placez au même niveau, l'Evangile qui a relevé la femme de son abjection, et le Koran qui l'y a replongée;

Et vous osez clore votre écrit par ces lignes ! :

« Que ceux qui se sentent impuissants à enseigner autre chose que la haine, l'injustice, l'obscurantisme, s'abstiennent. Leurs résistances, ils le savent, seraient brisées. L'Algérie ne deviendra jamais une Pologne française. »

A quel autre qu'à vous peuvent s'appliquer cette imprécation, ces menaces?

Votre œuvre respire la haine ; elle vise à la spolia-
tion, à la ruine des colons européens, à la plus inique
violation de leurs droits acquis ; enfin, l'obscurantisme
le plus dégradant s'y étale à chaque page sous le man-
teau de la liberté de conscience.

Vous parlez de Pologne française ! Etrange rappro-
chement en vérité. Ignorez-vous que le peuple polo-
nais a toujours conservé son intégrité, et qu'il n'a été
opprimé qu'à l'aide des soldats et des administrateurs
russes ? — Ce n'est donc pas nous, partisans convain-
cus et dévoués de la colonisation européenne, qui
chercherons à faire de l'Algérie une Pologne, vous
seuls en profiteriez.

Nous veillerons, toutefois, à ce que vous n'en fas-
siez pas un steppe désert.

CONSTANTINE. — TYPOGRAPHIE L. MARLE.